Parent *in Engli..,* ..~ *Bridge the* *Achievement Gap*

with Spanish Translation

13 Prácticas de Crianza en Español para
Cerrar la Brecha de Rendimiento Académico
con Traducción en Inglés

Rex Fortune

DEDICATION

To those whose work and lives have made an impact upon my own intellectual development and other accomplishments in life, I express appreciation.

Rex C. Fortune Sr. and Gwendolyn Ernestine Fortune
my parents who were educators

Frank Edward Strait and Deequilla B. Strait
my wife's parents who were educators

Margaret Conaza Strait Fortune
my wife of nearly 50 years who is also an educator

Gwendolyn Fortune-Blakely—daughter, and
Shaun Blakely—son-in-law

Rex Fortune III—son

Margaret G. Fortune—daughter

Lenora Blakely—granddaughter, and
Evan Blakely—grandson

I also dedicate this book to my colleague and friend, Mr. Raymond Wilder (1941-2013), founder of Wilder's Preparatory Academy Charter School in Inglewood, California, who believed that "every child has something good about them and can learn. . ."

ACKNOWLEDGMENTS

Most of my publications have benefited from support from others, and this one is no exception. *12 Parenting Practices in English to Bridge the Achievement Gap* is a book based upon research that was conducted for *Bridging the Achievement Gap: What Successful Educators and Parents Do,* published in 2012.

I am indebted to Rex Fortune III, vice president of Fortune & Associates, for much of the logistics associated with that book's research, including interviews with parents at schools selected to be included in the study. Rex also developed the script for the companion DVD for *12 Parenting Practices.*

I particularly appreciate the extensive amount of communications, editing and design work by Phawnda Moore for both the English and Spanish sections of this book.

Critical to the Spanish section of the book was the translation service provided by Fátima Castañeda, a former educator herself.

Finally, for the analysis and revisions of the parenting practices in English to ascertain their validity and appropriateness for the Spanish speaking parents and guardians, I thank Martha Quadros, program manager of EL and Multicultural Education for the San Juan Unified School District in Carmichael, California.

AUTHOR'S INTRODUCTION

As a California educator with 40 years of experience (teacher, school site administrator, associate superintendent of public instruction, and superintendent in two school districts), my life-long commitment is working with parents to make a difference in their children's education.

And, my wife and I are also the proud parents of three grown children and are devoted grandparents. The role of parenting comes with the responsibility, and the joy, of being involved in our children's education.

This book details my observations and assessments of successful parent engagement at school and at home. It is aimed at closing the achievement gap that currently exists in education. It reveals the top 12 practices, based on my professional and personal experience, which produce results that will benefit you and your children. These ideas also provide great "talking points" to share with other parents or grandparents in your school or community.

Rex Fortune
September 2013 | Roseville, California

TABLE *of* CONTENTS

1. Parents should develop their children's vocabulary from birth to kindergarten, including reading to them before they can talk.

Before you start reading a story or book to your child, initiate a conversation that includes these questions:

If there are pictures or a title in big letters at the beginning, ask, *Tell me about what you see?*

Based on these pictures or big words, say, *What do you think the author of the story or book is trying to tell you?*

Then, prompt with continued questions, *Are there any new words that you do not understand?* If so, look them up. Your computer or dictionary should be helpful.

After you read the story or book to your child, ask more questions: *Now, tell me what the story or book was really about?*

What do you think made the story interesting? Why?

Tell me about the best part? Why do you think that?

If you did not like the story or book, why didn't you? How would you have changed it? Why?

If you did like the story or book, what was the best part?

2. Parents should establish routines for more learning opportunities at home.

What are the first things children will do when they come home from school?

Where will they put their school supplies, materials, backpack?

Will they have a snack as soon as they arrive home?

When will they start their homework?

Where will they do the homework?

Will they watch TV on school nights?

After homework is finished, will they read a fun book before going to bed?

3. Parents should teach their children at an early age that school is one place for learning, home is another.

The curriculum at school is generally an established one, and parents provide support and encouragement. At home they can teach practical life skills (cooking, gardening, sewing, crafts, nutrition, care of pets, fitness, organizing, finances, etc.)

Parents can plan art classes with their children where they draw pets, paint flowers, examine the colors of leaves or rocks.

Or, take a walk and watch the clouds; perhaps attend a local concert or play.

Some activities also contribute to children developing important skills for academic and life success. Parents may be surprised to learn that the arts provide these benefits, and that parents, at home, can replace what used to be taught in schools. *The Washington Post* published an article by Valerie Strauss listing the top 10 skills that children learn from experiencing the arts:

creativity | focus | collaboration
confidence | non-verbal communication
ability to receive constructive feedback
dedication | problem solving
accountability | perseverance

Art museums and libraries often have programs specifically for parents and/or children. Invite your child's friends over to collaborate on art projects.

4. Fathers, or other males who are significant in the lives of the student(s), should be meaningfully engaged in the academic development of the children.

Daughters and sons bond in different ways to fathers or significant male adults. Schedule time for that special relationship and have open doors to discuss school, learning and goals.

Some schools welcome parents who share their careers with students, ask if yours does.

5. Parents and teachers need multiple ways to establish and maintain communication with each other.

Parent/s should visit the principal's office with a copy of the statements below so that they can discuss them with officials. If neither the principal nor the assistant principal is available, request a meeting with

one of them (or a designee) to discuss a plan for these points:

- obtaining information about how their children are progressing in school; and

- requesting support.

Parents should learn about available technology and use it to enhance home-school communications.

6. Parents, or some other adult who is meaningful in the student's life, need to monitor progress with schoolwork daily. Give praise where warranted. Arrange for help when needed.

In *Bridging the Achievement Gap: What Successful Educators and Parents*

Do, parents unanimously supported spending two to three hours for homework every night with their child.

When parents and meaningful adults nurture learning, the benefits include more success in students' schoolwork.

Commit to building your child's future.

7. Parents should demonstrate to children that learning is important, not just by what they say, but by what they do.

Children observe and imitate what they see and hear. If Mom and Dad are enthusiastic about learning new skills, their children are more likely to be also.

Talk to your child. Psychologists Betty Hart and Todd Risley of the University of Kansas studied the effect of talking in families.

They concluded that parents (often professional) stimulated their children's intellectual curiosity by including them in discussions, and by asking about their needs and interests. Talking is a resource that is readily available to all parents!

8. Parents should establish good habits to support that learning at home takes precedence over TV, playing video/online games, listening to music, texting, and use of social networks with friends on weeknights.

Kids will profess the myth that they are good at multi-tasking, but they should not be using social networks and studying at the same time.

As students get older, lack of consistent concentration is a major distraction for absorbing knowledge.

9. Parents should provide a suitable place for their children to learn at home.

It can be a room or a corner but the important thing is, it's designated for that purpose.

Here are some ideas contributed by parents:
- simple desks
- bulletin boards that display awards, artwork, and reminder announcements
- file drawers
- dictionaries
- no TV
- a basket for homework.

10. Parents should seek out other resources from the community or the school to help children study effectively.

Your child may need tutors or mentors for support in learning.

In some families, older siblings may help, if qualified.

Teachers are glad to provide information, just ask.

11. Parents might consider tradeoffs that favor learning opportunities over expensive toys, clothes, games or other costly entertainment.

Invest in your child's experiences for their future. For example, on vacation, choose a guided tour of a national park over amusement parks. A zoo can be an inexpensive outing that invites curiosity about the animal kingdom and the people in their native countries.

A concert (if possible, with children performing) where instruments are demonstrated, and musicians' lives are highlighted, might spark an interest. Food from other cultures is always interesting; cook together or try ethnic restaurants, then read a book about the world we live in. Aim to balance mental, spiritual, physical, and emotional learning opportunities.

12. Parents should consider themselves learners and seek out opportunities to learn tips for parents in magazines, books, the school, the Internet (Education.com) and other community agencies.

For my 2012 book, *Bridging The Achievement Gap: What Successful Educators and Parents Do*, I selected and researched 20 California schools, which led to the recommendations above.

The schools encouraged parent participation at school, hired parent liaisons and provided facilities dedicated for parent use. Of course, these schools also anticipated that parents would be supportive with the education of their children at home. These schools, where parents were really engaged, also posted high academic achievement for students and boasted of strong home-school relations.

The key point is that there is no single approach to parent engagement at school that leads to improved academic performance for children. However, parent engagement with the school is very important.

What Engaged Parents say About the Ideal Parent-School Partnership

About 15 parents of successful students were interviewed from several high-performing African American and Hispanic, mostly ESEA Title I schools. Taken collectively, they paint a picture of concerned parents who volunteer their time at school and at home in a variety of ways and with varying levels of intensity.

When I questioned parents about their involvement in the child's schooling, almost all said parents need to get involved. They highlighted the importance of communications with the teachers. Some stopped there, but others also said get involved in school activities including celebrations, fundraising, student performance events, school policy development, budget decision-making and any training for parents that the school offers. Some parents were proud to report their involvement on statutorily required school site councils and ESEA Title I parent advisory committees. Parental involvement at school, while important, is not nearly as important as parental support for the child at home.

Parents' Role at Home

The following section contains a collection of responses to questions about parent roles that I raised in meetings and interviews with parents from seven schools. These are high-achieving schools. They have API scores that exceeded 800, and they have high CST scores. We found that parents affirmed the 12 points made earlier. They reported on how they were helping their own children at home. The overall purpose of this document is to provide inexperienced parents, or advisors for such parents, successful examples. These are drawn from low-income parents whose children attend Title I schools.

These parents were asked to share what is going on with the educational development in their homes. All parents have 24 hours a day;

they all make choices about how to spend that time. In these cases, low, middle and higher-income parents are choosing to spend their time in routines at home to foster the educational development of their own children. Parents looking for answers may ask themselves: Am I spending time with my children as these parents are? Is it possible for me to select at least some of these practices that appear to be helpful to apply to my children?

From my own experience, my wife and I did not leave the education of our children totally up to the schools. We were very attentive, as these parents were, to their progress daily, weekly, and monthly.

The same was done for my wife when she was a child and for me when I was a child. Our parents read to us when we were young, encouraged us to do well in school, insisted that homework and school projects were completed, talked with our teachers when we had challenges, and provided help directly or through a tutor to assist us with specific kinds of academic difficulty.

As you review the stories that we have gathered through interviews of parents whose children are doing well in school, please think of them as suggestions regarding what you might or can do for your own children.

What Parents at High-Performing, High Minority Schools said About Parents' Role at Home

I met with parents at Bursch Elementary School in Compton, California, where 86 percent of Hispanic students were proficient or advanced on the CST in mathematics in grades 2-5 in 2010. Bursch Elementary enrolled 70 percent Hispanic students and 29 percent African American students. The school's Academic Performance Index (API) for 2010 was 884.

We learned from Hispanic parents about their contributions. Alejandra Patino, Yolanda Santiesteban, Leticia Camarena, Zenaida Gutierrez, Maria Nunez, Rosa Lopez Graciela Hernandez, Ramona Cabrera and Carla Reyes offered examples of what they do to help their children at home:

- A couple of parents take their children to a local public library every Saturday, where they are tutored by undergraduate students from UCLA in math and other subjects from 10 a.m. to 1 p.m.

- Some purchase "teaching tools" like index cards, measuring tape, times tables, white boards and use these tools to review what their kids learned in school.

- Some bought games about different states and work with their children on location of cities and states on maps.

- Some find interesting games to play with their kids for vocabulary building or math skills development.

These parents spoke to me through an interpreter, but their own limitations with respect to speaking English did not deter them from seeking and providing help for their children at home. These parents were also engaged in supportive activities at school.

I also spoke with parents at the Oakland Charter Academy in Oakland, California, where 95 percent of the students were proficient or advanced in mathematics and where the 2010 API was 954. The student population is 92 percent Hispanic and 95 percent are on Free or Reduced Priced Meal programs.

I interviewed a 6th grade parent from that school, Mrs. Rosa Rodriquez. She said, "My 9th grade student (at the companion high-achieving high school) was born when I was 15 years old, and I never went to school beyond the 8th grade myself. However I have experience in choosing schools for my children. I chose it (the Oakland Charter Academy) because they offered after-school tutoring. I don't have to do much about teaching them at home, but when my son brought home tagging on his books, his father and I sat him down and counseled him about staying away from gangs. We watch who his friends are, and the ones he has now are not in gangs. You have to be on their backs, and know who their friends are. My children are doing well. Even my 2 year-old knows the alphabet, colors and can count. I put all my attention on my kids."

A Final Word About Parenting

One of the great benefits for families today is the access to information. Following is a short list of resources for those who have computers. If you do not, check the availability of using them at your public library – as well as the books there, of course.

I want to encourage parents to be cheerleaders for their childrens' success because it does not happen by chance or accident. It results from what other parents are doing every day as they cross the achievement gap bridge. It also has a profound impact upon society and the educational system. Every step is worth it.

"A journey of a thousand miles begins with a single step." Lau-tzu

*This material is based upon Dr. Fortune's book, *Bridging the Achievement Gap: What Successful Educators and Parents Do*, (2012), Chapter 4, and his related DVD, *Parenting Practices: How Successful Parents Bridge The Achievement Gap*, (2012). He may be contacted at: rcfortune9@yahoo.com or (916) 803-4903. You may also want to view his website: www.fortuneandassociates.com

Resources

For more information that can help parents assist their children at home, consider this brief list:

Latino Family Literacy Project – www.latinoliteracy.com/
Some schools offer this 10 week parent education training by providing bilingual books that parents can use to develop literacy at home. It also provides families with tools and strategies to set routines and develop habits conducive to extending the learning at home.

Scholastic - http://www.scholastic.com/home/
Scroll to Children's Press Multicultural and bilingual books are available at reasonable prices that promote academic vocabulary in both languages, allowing the child and parent to learn both languages.

Education's #1 Source for Family Involvement Information — in English and Spanish! - www.parent-institute.com

California Dept. of Education - www.cde.ca.gov
Key your selection, below, into the "search" box for links to:

- Common Core Standards
- Smarter Balance Assessment Consortium

13

Prácticas de Crianza en Español para Cerrar la Brecha de Rendimiento Académico

con Traducción en Inglés

12 Parenting Practices in English to Bridge the Achievement Gap

with Spanish Translation

Rex Fortune

* Note: The 13 Parenting Practices in the Spanish version include a practice (number 2) to develop the primary language.

DEDICATORIA

Para aquellos cuyo trabajo y vida han tenido un impacto en mi propio
desarrollo intelectual y otros logros en la vida,
les expreso mi agradecimiento.

Rex C. Fortune Sr. y Gwendolyn Ernestine Fortune
mis padres quienes fueron educadores

Frank Edward Strait y Deequilla B. Strait
los padres de mi esposa quienes fueron educadores

Margaret Conaza Strait Fortune
mi esposa de casi 50 años quien también es educadora

Gwendolyn Fortune-Blakely—hija, y
Shaun Blakely—yerno

Rex Fortune III—hijo

Margaret G. Fortune—hija

Lenora Blakely—nieta, y
Evan Blakely—nieto

También dedico este libro a mi colega y amigo,
Sr. Raymond Wilder (1941-2013), fundador de Wilder's Preparatory Academy
Charter School en Inglewood, California, quien creía que
"Todos los niños tienen algo bueno de ellos y pueden aprender. . ."

AGRADECIMIENTOS

La mayoría de mis publicaciones se han beneficiado del apoyo de los demás, y esta no es una excepción. 13 Prácticas de Crianza de los Hijos es un libro basado en investigaciones para el libro Cerrando la Brecha en el Rendimiento Académico: Lo que los Educadores y Padres con Éxito Hacen, publicado en el 2012.

Estoy en deuda con Rex Fortune III, vice presidente de Fortune & Associates, por gran parte de la logística asociada a la investigación, que incluye entrevistas con los padres en las escuelas seleccionadas para ser incluidas en el estudio. Rex también desarrolló el guión de los DVD de compañía de 13 Prácticas de Crianza de los Hijos.

Agradezco en particular la gran cantidad de comunicación, edición y diseño de trabajo por Phawnda Moore para las secciones de Inglés y Español del libro 13 Prácticas.

El servicio de traducción proporcionado por Fátima Castañeda fue crítico a la sección de español del libro.

Por último, para el análisis y la revisión de las prácticas de crianza en Inglés para determinar su validez y pertinencia para los padres de habla hispana y tutores, agradezco a Martha Quadros, Supervisora del Programa de Aprendizaje de Inglés y Educación Multicultural en el Distrito Escolar Unificado de San Juan en Carmichael, California.

INTRODUCCIÓN DEL AUTOR

Como educador en California con 40 años de experiencia (maestro, administrador de escuela, superintendente asociado de instrucción pública, y superintendente en dos distritos escolares), mi compromiso de por vida es trabajar con padres para hacer una diferencia en la educación de sus hijos.

Mi esposa y yo, también somos padres orgullosos de tres hijos adultos y somos abuelos devotas. El papel de padres viene con responsabilidad, y el gusto de participar en la educación de nuestros hijos.

Este libro detalla mis observaciones y evaluaciones de participación de padres con éxito en la escuela y en el hogar. Su objetivo es cerrar la brecha de rendimiento académico que existe actualmente en la educación. Las siguientes 13 prácticas de crianza son basadas en mi experiencia profesional y personal, y producen resultados que le beneficiarán a usted y a sus hijos. Estas ideas también ofrecen grandes "temas de conversación" para compartir con otros padres o abuelos en su escuela o comunidad.

Rex Fortune
septiembre 2013 | Roseville, California

TABLA DE CONTENIDOS

13 PRACTICAS DE CRIANZA

1. Padres deben desarrollar el vocabulario de sus hijos desde que nacen hasta kínder, incluyendo leerles antes que aprendan a hablar.

Antes de comenzar a leerle un cuento o un libro a su hijo, entable una conversación que incluya las siguientes preguntas:

Si hay ilustraciones o un título con letras grandes al inicio, pregunte, *"Dime sobre lo que ves."*

Basado en las ilustraciones o palabras grandes diga, *"¿Qué crees que te quiere comunicar el autor del cuento o historia?"*

Continúe haciéndoles preguntas, *"¿Hay palabras nuevas que no comprendes?"* Si lo hay, búsquelas. Su computadora o diccionario le serán útiles.

Después de leer el libro o cuento a su hija/o, haga más preguntas:

"Ahora cuéntame ¿de que se trató el libro o cuento?

"En tu opinión ¿por qué fue interesante?"

"Cuenta sobre tu parte favorita, ¿por qué fue tu parte favorita?"

"Si no te gustó el cuento o libro, dime ¿por qué? ¿Cómo lo cambiarías? ¿Por qué?"

"Si te gustó el libro o cuento, ¿cuál fue la mejor parte?"

2. Los padres deben seguir desarrollando el idioma materno de los niños.

El desarrollo de la lengua materna (español) establece los cimientos para el estudiante y le facilita la adquisición de un segundo idioma

(inglés). Así que, las familias necesitan seguir leyendo y hablando en el idioma natal tanto como sea posible para que los alumnos puedan transferir esas habilidades en el segundo idioma.

3. Padres deben establecer rutinas para crear más oportunidades de aprendizaje en casa.

¿Que son las primeras cosas que hacen los niños cuando regresan de la escuela?

¿Dónde pondrán sus materiales de escuela y la mochila?

¿Comerán un bocadillo en cuanto lleguen a casa?

¿Cuándo comenzarán la tarea?

¿Dónde harán la tarea?

¿Verán televisión entre semana?

Al terminar la tarea, ¿leerán un libro divertido antes de acostarse?

4. Desde una temprana edad padres deben enseñar a sus hijos que la escuela es un lugar de aprendizaje al igual que el hogar.

El plan de estudios en la escuela es generalmente uno ya establecido, y los padres proporcionan apoyo y aliento. En casa, pueden enseñar habilidades prácticas de vida (cocina, jardinería, costura, artes, nutrición, cuidado de mascotas, aptitud física, organización, finanzas, etc.)

Los padres pueden planear clases de arte con sus hijos y dibujar mascotas, pintar flores, examinar los colores de las hojas o rocas. Pueden dar un paseo y ver las nubes. Quizá asistir una obra de teatro o un concierto local.

Algunas actividades también contribuyen al desarrollo de habilidades importantes para el éxito académico y de la vida. Los padres pueden sorprenderse al saber que las artes proporcionan estos beneficios y que los padres en el hogar pueden reemplazar lo que se enseñaba en las escuelas. *El Washington Post* publicó un artículo escrito por Valerie Strauss que nombra las 10 mejores habilidades que los niños pueden aprender al experimentar el arte.

creatividad | enfoque | colaboración
confianza comunicación no verbal |
dedicación | resolver problemas |
capacidad de recibir | perseverancia
retroalimentación constructiva
responsabilidad |

A menudo, museos de arte y las bibliotecas ofrecen programas dirigidos a padres y/o niños. Invite a los amigos de sus hijos para colaborar en proyectos de arte.

5. Padres u otros varones que son importantes en la vida del estudiante(s), deben participar de forma significativa en el desarrollo académico de los niños.

Las hijas e hijos desarrollan lazos con sus papás o adultos varones

de diferentes maneras. Programe tiempo para esa relación especial y abra las puertas para discutir la escuela, aprendizaje y metas. Algunas escuelas dan la bienvenida a los padres que comparten sus carreras con los estudiantes, pregunte si es el caso en su escuela.

6. Padres y maestros necesitan múltiples maneras de establecer y mantener comunicación entre ambos.

Padres deben visitar la dirección (oficina) de la escuela con una copia

de los siguientes temas para discutirlas con algún oficial. Si ni el director ni el subdirector está disponible, solicite una reunión con uno de ellos (o su designado) para discutir un plan para estos tres puntos:

- obtener información acerca de cómo sus hijos están progresando en la escuela

- solicitando apoyo y

- tener un traductor en las reuniones, incluyendo la escuela conferencias con los padres, si es necesario.

Los padres deben aprender acerca de la tecnología disponible y utilizarla para mejorar la comunicación entre el hogar y escuela.

7. Los padres, o algún otro adulto que es importante en la vida del estudiante, deben monitorear el progreso con el trabajo escolar diario. Alabe cuando se justifique, consiga ayuda cuando sea necesario.

En *Cerrando la Brecha de Rendimiento Académico: Lo que Educadores y Padres con Éxito Hacen*, padres por unanimidad apoyaron pasar dos o tres horas de tarea cada noche con su hijo. Cuando los padres y los adultos significativos nutren el aprendizaje, los beneficios incluyen mayor éxito en las tareas escolares a los estudiantes. Comprométase a construir el futuro de su hijo.

8. Los padres deben mostrar a los niños que el aprendizaje es importante, no sólo con palabras sino con hechos.

Niños observan e imitan lo que ven y escuchan. Si mamá y papá se entusiasman al aprender nuevas habilidades, lo más probable es que ellos también lo harán.

Hable con su hija o hijo. Psicólogos Betty Hart y Todd Risley de la Universidad de Kansas estudiaron el efecto de hablar en las familias. Llegaron a la conclusión de que los padres (a menudo profesionistas) estimulan la curiosidad intelectual en sus hijos al incluirlos en pláticas y discusiones y al preguntarles sobre sus necesidades e intereses. ¡Hablar es un recurso que está disponible para todos los padres!

9. Los padres deben establecer buenos hábitos para apoyar el aprendizaje en casa y que sea primordial antes de ver la tele, jugar videojuegos o juegos en la web, escuchar música o usar la red social con amigos entre semana.

Los niños profesarán el mito que son hábiles en completar múltiples tareas, pero no deben utilizar las redes sociales y estudiar al mismo tiempo. A medida que los estudiantes crecen, la falta de concentración consistente será una gran distracción para la absorción de conocimiento.

10. Los padres deben proveer un lugar adecuado para que sus hijos aprendan en casa.

Puede ser en un cuarto o una esquina, pero lo importante es que sea diseñado para ese propósito. Algunas ideas que algunos padres contribuyeron incluyen: escritorios sencillos, tablones para anunciar reconocimientos, obras de arte, recordatorios, cajones de archivo, diccionarios, canasta

para la tarea y no tener un televisor.

11. Los padres deben buscar recursos dentro de la comunidad o la escuela para ayudar a sus hijos a estudiar de manera eficaz.

Su niño puede necesitar tutores o mentores de apoyo en el aprendizaje.

En algunas familias, los hermanos mayores pueden ayudar si están calificados.

Los maestros están encantados de proporcionar información, sólo hay que preguntar.

12. Los padres deben hacer concesiones en el gasto de dinero que favorece las oportunidades de aprendizaje sobre juguetes caros, ropa, juegos u otros tipos de entretenimiento costoso.

Invierta en las experiencias de sus hijos para el futuro. Por ejemplo, cuando salgan de vacaciones elija un tour con guía en un parque nacional en vez de parques de diversión. Un zoológico puede ser una excursión barata que invita la curiosidad sobre el reino animal y los pueblos en los países nativos.

Un concierto (si es posible con niños en la obra) donde se muestren instrumentos y las vidas de los músico son ilustradas puede prender una chispa de interés. Comida de otras culturas siempre es algo interesante; cocinen juntos o prueben restaurantes de comidas extranjeras, luego lean un libro sobre el país. Aprenda sobre relaciones más profundas, envuelva gente, historia y el mundo en el que vivimos. Trate de equilibrar las oportunidades de aprendizaje a nivel mental, espiritual, físico y emocional.

13. Los padres deben considerarse aprendices y buscar oportunidades de aprender consejos sobre la crianza de sus hijos atreves de las revistas, los libros, la escuela, Internet (Education.com) y agencias en la comunidad.

Para un libro que escribí en 2012 titulado, *Cerrando la brecha en el rendimiento académico: Lo que los Educadores y padres con éxito y hacen*, seleccioné e investigué 20 escuelas en California, lo que llevó a las recomendaciones anteriores.

Las escuelas alentaron la participación de los padres en la escuela, contrataron coordinadores de padres y proporcionaron instalaciones dedicadas para el uso de padres. Por supuesto, estas escuelas anticiparon que los padres apoyarían la educación de sus hijos en el hogar. Estas escuelas, donde los padres estaban muy involucrados, registraron un alto rendimiento académico de los estudiantes y presumieron de la fuerte relación entre el hogar y la escuela. El punto clave es que no existe un enfoque único para la participación de padres en la escuela que conduce a un mejor rendimiento académico de los niños. Sin embargo, la participación de los padres con la escuela es muy importante.

LO QUE LOS PADRES COMPROMETIDOS AL ESTUDIO DE SUS HIJOS DICEN SOBRE LA RELACIÓN ENTRE PADRES Y ESCUELA IDEAL

Unos 15 padres de estudiantes exitosos fueron entrevistados de varias escuelas de alto rendimiento con una alta población de Afroamericanos e Hispanos, en su mayoría escuelas de Título I ESEA. Tomados en conjunto, pintan una imagen de los padres preocupados que ofrecen voluntariamente su tiempo en la escuela y en el hogar de diversas maneras y con diferentes niveles de intensidad.

Cuando cuestioné a los padres sobre su participación en la educación de sus niños, casi todos acordaron que padres necesitan participar en las escuelas. Ilustraron la importancia de la comunicación con los maestros.

Algunos pararon ahí, pero otros contestaron que padres deben involucrarse en las actividades escolares que incluyen celebraciones, recaudación de fondos, presentaciones estudiantiles, desarrollo de pólizas en la escuela, en los procesos de hacer decisiones fiscales y cualquier capacitación que la escuela ofrezca para los padres.

Algunos padres se sentían orgullosos de informar sobre su participación en los consejos escolares legalmente requeridos y comités consejeros de padres ESEA Título I. Participación de los padres en la escuela, aunque importante, no es tan importante como el apoyo de los padres para el niño en el hogar.

EL PAPEL DE LOS PADRES EN EL HOGAR

La siguiente sección contiene una colección de respuestas a las preguntas sobre los roles de los padres que he planteado en las reuniones y entrevistas con los padres de siete escuelas. Estas son escuelas de alto rendimiento académico.

Estas escuelas tienen resultados API que excedían 800, y tienen altos puntajes en los exámenes CST. Se encontró que los padres afirmaron los 13 puntos anteriores. Informaron sobre la forma en que estaban ayudando a sus hijos en casa. El objetivo general de este documento es brindar a los padres inexpertos, o asesores de tales padres, ejemplos exitosos. Esto se obtuvo de padres de bajos ingresos cuyos hijos asisten a escuelas de Título I.

Se pidió a estos padres que compartieran lo que está pasando con el desarrollo de la educación en sus hogares. Todos los padres tienen las 24 horas del día, todos ellos toman decisiones sobre cómo gastar ese tiempo. En estos casos, los padres de bajos, medios y altos ingresos están optando por pasar su tiempo en rutinas en casa para fomentar el desarrollo de la educación de sus propios hijos. Los padres que buscan respuestas pueden preguntarse: ¿Estoy pasando tiempo con mis hijos, como estos padres lo hacen? ¿Es posible para mí seleccionar por lo menos algunas de estas prácticas que parecen ser útiles para aplicar a mis hijos?

Basado en mi propia experiencia, mi esposa y yo no dejamos la educación de nuestros hijos totalmente en las manos de las escuelas.

Igual que estos padres, fuimos muy atentos al progreso diario, semanal y mensual.

Lo mismo se hizo con mi esposa cuando era niña y por mí cuando yo era un niño. Nuestros padres nos leyeron cuando éramos jóvenes, nos animaron a hacer bien en la escuela, insistieron en que se completaron tareas y proyectos escolares, hablaron con los maestros cuando tuvimos problemas, y siempre proporcionaron ayuda directamente o a través de un tutor para que nos ayudaran con dificultades académicas. Al repasar las historias que hemos coleccionado a través de entrevistas a los padres cuyos hijos están haciendo bien en la escuela, por favor, considérelas como sugerencias de lo que puede hacer por propios hijos.

LO QUE PADRES EN ESCUELAS DE ALTO DESEMPEÑO Y DE POBLACIONES MINORITARIAS DIJERON SOBRE EL PAPEL DE LOS PADRES EN EL HOGAR

Me junté con padres de la escuela Bursch en Compton, California, donde 86 por ciento de por ciento de los estudiantes hispanos fueron competentes o avanzados en el CST en matemáticas en los grados 2-5 en 2010. La Primaria Bursch matriculó 70 por ciento de estudiantes hispanos y 29 por ciento de estudiantes afroamericanos. El índice de rendimiento académico de la escuela (API) para el año 2010 fue de 884. Hemos aprendido de los padres hispanos sobre su contribución. Alejandra Patiño, Yolanda Santiesteban, Leticia Camarena, Zenaida Gutiérrez, María Núñez, Rosa López Graciela Hernández, Ramona Cabrera y Carla Reyes ofrecieron ejemplos de lo que hacen para ayudar a sus hijos en el hogar:

- Algunos de los padres llevan a sus niños a la biblioteca pública cada sábado, donde reciben tutoría por estudiantes de pregrado de UCLA en matemáticas y otras materias de 10:00 am a 1:00 pm.

- Algunos compran "herramientas de instrucción" como fichas, cinta métrica, tablas de multiplicación, pizarras y utilizan estas herramientas para repasar lo que sus hijos aprendieron en la escuela.

- Algunos compraron juegos sobre diferentes estados y repasaron con sus hijos las capitales y ciudades de cada estado en mapas.

- Algunos encuentran juegos interesantes para jugar con sus hijos para desarrollar el vocabulario o destrezas de matemáticas.

Estos padres me hablaron a través de un intérprete, pero sus limitaciones con respecto a no poder hablar inglés no los disuadieron de buscar y proporcionar ayuda a sus hijos en casa. Estos padres también se dedicaban a actividades de apoyo en la escuela.

También hablé con los padres en la Academia Charter de Oakland en Oakland, California, donde el 95 por ciento de los estudiantes eran competentes o avanzados en matemáticas y donde el API 2010 fue de 954. La población estudiantil es de 92 por ciento de hispanos y 95 por ciento participan en programas de comida gratis o de precio reducido.

Entrevisté a una de las mamás de 6 ° grado de esa escuela, la señora Rosa Rodríguez. Ella dijo, "mi hijo del 9 ° grado (que va a la escuela compañera de la escuela de alto rendimiento) nació cuando yo tenía 15 años, y nunca pase del 8 ° grado. Sin embrago tengo experiencia al escoger escuelas para mis hijos. Yo la elegí (Oakland Charter Academy) porque ofrecen tutoría después de escuela. No tengo mucho que hacer en cuanto enseñarles en casa, pero cuando mi hijo trajo libros con grafiti mi marido y yo nos sentamos a platicar con él para que se aleje de las pandillas. Estamos al tanto de quienes son sus amigos, y los que ahora tiene no están en pandillas. Tienes que estar sobre ellos y saber quiénes son sus amigos. A mis hijos les va muy bien. Hasta mi pequeño de 2 años se sabe el abecedario, los colores y puede contar. Pongo toda mi atención en mis hijos."

Uno de los grandes beneficios para las familias de hoy en día es el acceso a la información. La siguiente es una breve lista de recursos para los que tienen computadoras. Si no tiene computadora, averigüe sobre la disponibilidad de uso a computadoras en la biblioteca pública - así como los libros allí, por supuesto.

Quiero animar a los padres a ser porristas para el éxito de sus hijos, ya que no sucede por casualidad o accidente. Es el resultado de lo que otros padres están haciendo todos los días mientras cruzan el puente de brecha en el rendimiento académico.

"Un viaje de mil millas comienza con el primer paso." Lao-tsé

*Este material es basado en el libro del Dr. Fortune *Cerrando la brecha en el rendimiento educativo: Lo que educadores y padres con éxito hacen*, (2012), capitulo 4 y su video, *Practicas de Crianza: Como padres con éxito cierran la brecha en el rendimiento educativo*, (2012). Se puede contactar al Dr. Fortune al: rcfortune9@yahoo.com o (916) 803-4903. También puede visitar su sitio de internet: www.fortuneandassociates.com

RECURSOS

Para más información que puede ayudar a padres apoyar a sus hijos en casa, considere este lista breve:

Latino Family Literacy Project – www.latinoliteracy.com/ Algunas escuelas ofrecen esta serie de capacitación para padres de 10 semanas proporcionando libros bilingües que padres pueden utilizar para desarrollar la alfabetización en el hogar.

Scholastic - http://www.scholastic.com/home/ Vaya a la sección titulada Children's Press – Libros multiculturales y bilingües están disponibles a precios razonables que promueven el vocabulario académico en ambos idiomas, lo que permite al niño ya los padres a aprender las dos lenguas.

De Educación fuente # 1 de información de Participación Familiar - en Inglés y Español! www.parent-institute.com

Departamento de Educación de California - www.cde.ca.gov haga una búsqueda para adquirir las siguiente información:

- Estándares Básicos Comunes (Common Core Standards)

- Consorcio de Equilibrio Inteligente de Evaluación (Smarter Balance Assessment Consortium)

- Estándares de Desarrollo de Aprendizaje de Inglés (California English Language Development Standards)

Made in the USA
Las Vegas, NV
09 May 2023